Klaus Hemmerle

MENSCHLICHES & MANCHES MEHR

Klaus Hemmerle
Menschliches & manches mehr

Hg. von Hanspeter Heinz

VERLAG NEUE STADT
MÜNCHEN · ZÜRICH · WIEN

Wir danken dem Bistum Aachen für die
freundliche Genehmigung zum Abdruck der Zitate,
für die die Rechte bei der Diözese als Erbe liegen.

Klimaneutral gedruckt. Weil jeder Beitrag zählt.

MIX
Papier
FSC FSC® C083411

CPI
klimaneutral
Mehr Bäume.Weniger CO_2

Neuausgabe 2018

Covergestaltung unter Verwendung eines Fotos
von Klaus Herzog
Gestaltung und Satz: Neue-Stadt-Grafik
Druck: CPI – Clausen & Bosse, Leck
ISBN 978-3-7346-1159-9

www.neuestadt.com

Ein Wort vorab …

Wortschöpfungen, die spalten und Menschen diskreditieren, *fake news* (im Klartext: Lügengeschichten), leeres Geschwätz und hochtrabende Reden … – Worte, die mehr schaden als nützen, scheinen Hochkonjunktur zu haben. Und nicht immer sind Worte „Schall und Rauch“: Sie können töten wie Waffen. Mit Worten kann man einen anderen fertigmachen, ausschalten, erledigen. Nicht zuletzt mithilfe der neuen Medien, aber auch im persönlichen Gespräch: Manchmal genügt eine böse Bemerkung, um Nachbarn oder Freunde zu Feinden zu machen; ein einzi-

ges Wort, und eine Beziehung ist zerbrochen.
Worte können aber auch Wunder wirken. Da ist einer in seiner Spur festgefahren, und eine Bemerkung tut neue Wege auf: „So habe ich das noch nie gesehen!" Oder jemand weiß nicht aus noch ein, bis ein gutes Wort die Einsamkeit und Hoffnungslosigkeit durchbricht. Ein anderer hat mit Kirche und Glaube abgeschlossen: „Welches Wort ist mehr verschlissen oder mehr missbraucht worden als der Name Gott?!" Doch plötzlich verwandelt ein Wort seine vermeintliche Sicherheit in fragendes Staunen. Bevor er die großen Worte endgültig wegwirft, will er noch einmal prüfen, wie klein sein Leben, seine Welt ohne diese Worte aussehen.

Klaus Hemmerle, der frühere Aachener Bischof, war ein Meister des Wortes, der Dinge treffend beim Namen nennt oder ihnen überraschend einen neuen Namen gibt. Viele seiner Worte wirken auch heute noch nach, ja sie erscheinen aktueller denn je.
Es sind menschliche Worte, Worte, die aufbauen, Worte, mit denen sich leben lässt.
Es sind prägnante Worte: In wenigen Zeilen bringt der Philosoph und Theologe, der Bischof und – vor allem – der Mensch Klaus Hemmerle auf den Punkt, was in einer langen Abhandlung nicht klarer ausgedrückt werden könnte.
Dabei wollte er ganz bewusst nicht nur s e i n e Gedanken vermitteln, sondern in

der Offenheit für andere das eigene Denken immer wieder „weiten". So sagte er einmal: „Ich hatte immer Angst, das Denken eines anderen nicht ernst zu nehmen. Ich habe gedacht: Ich will nicht nur aus meiner Erfahrung leben, sondern aus jeder Erfahrung, die es in der Welt gibt." Es ist den Worten anzumerken, dass sie dieser inneren Haltung entspringen: Klaus Hemmerle war nicht nur ein Meister des Wortes, sondern auch des Zuhörens.

Hier liegt wohl auch der Grund für die Kraft seiner Worte. Sie überzeugen nicht nur durch ihre gedankliche Klarheit, sondern berühren das Herz. Mehr noch: In ihrer Menschlichkeit schimmert etwas anderes durch, etwas Göttlich-Menschliches, jenes „Mehr", das uns mehr Mensch sein lässt, mit Hemmerle gesagt: mehr ich, mehr du, mehr wir (ein offenes Wir, kein ausgrenzendes). Und mehr „ER": In uns und unserem Miteinander lebt und bezeugt sich das Geheimnis des dreieinen Gottes.

Bei aller Tiefe und allem Ernst: Klaus Hemmerle hat seine kindlich-schelmische Seite nicht verborgen. Er hatte eine Vorliebe für das Spielerische, auch für das Spiel mit Worten. So lädt die vorliegende Auswahl ein zum Nach-Denken, zum Schweigen – und manchmal auch zum Schmunzeln. Kurz: zum unverkürzten Mensch-Sein.

Hanspeter Heinz

Klaus Hemmerle – Lebensdaten

1929	3.4.: Geburt in Freiburg i. Br. als einziges Kind des Kunstmalers Franz-Valentin Hemmerle und seiner Frau Maria
1935	Beginn der Schulzeit: Eintritt in die Freiburger Lessingschule
1937	Erstkommunion und Firmung
1939	Übertritt in das altsprachliche Berthold-Gymnasium in Freiburg
1944	27.11.: Bombardierung Freiburgs; völlige Zerstörung der Wohnung der Familie Hemmerle
1947	31.7.: Abitur am Berthold-Gymnasium; Wintersemester 1947/48: Aufnahme ins Theologenkonvikt des Erzbistums Freiburg; Beginn des Theologiestudiums

1949/50	Winter: Freisemester in Luzern
1951	Theologische Abschlussprüfung; 1.9.: Beginn der Ausbildung im Priesterseminar St. Peter; Begegnung mit dem Spiritual Rudolf Herrmann (1906–1988)
1952	25.5.: Priesterweihe im Freiburger Münster; 23.6.: Vikar in Donaueschingen; 23.7.: Vikar in Kollnau; 1.10.: Vikar in Rheinfelden (bis 1954)
1954	1.5.: Freistellung zum Promotionsstudium bei Bernhard Welte
1956	17.8.: Gründungsdirektor der Katholischen Akademie des Erzbistums Freiburg (bis 1961)
1957	Durch Vermittlung von Rudolf Herrmann erste Kontakte zur Fokolar-Bewegung, einer von Chiara Lubich (1920–2008) gegründeten neuen geistlichen Bewegung

18.12.: Promotion zum Dr. theol. mit einer Arbeit über Franz von Baader

1958 Sommer: Erste Begegnung mit Chiara Lubich in Fiera di Primiero/Dolomiten

1961 1.10.: Freistellung zum Habilitationsstudium und zur Tätigkeit als Wissenschaftlicher Assistent bei Bernhard Welte; Subsidiar in der Freiburger Pfarrei St. Johann (bis 1968)

1966 Veröffentlichung von „Besinnung auf das Heilige“ (mit Bernhard Casper und Peter Hünermann)

1967 17.7.: Habilitation im Fach Christliche Religionsphilosophie an der Theologischen Fakultät Freiburg; Habilitationsschrift: „Gott und das Denken nach Schellings Spätphilosophie“; Privatdozent an der Freiburger Universität

1968 1.4.: Geistlicher Direktor des Zentralkomitees der deutschen Katholiken (ZdK, bis 1974);
maßgeblich beteiligt an der Organisation der Katholikentage in Essen (1968), Trier (1970) und Mönchengladbach (1974);
15.6.: Tod des Vaters Valentin Hemmerle

1969 11.6.: Privatdozent an der Katholisch-Theologischen Fakultät der Universität Bonn

1970 20.10.: Professor für Fundamentaltheologie an der Katholisch-Theologischen Fakultät der Universität Bochum (bis 1973)

1971 Mitglied der „Würzburger Synode";
mit Ernst Ludwig Ehrlich Mitgründer des Gesprächskreises „Juden und Christen" beim ZdK

1972 Veröffentlichung von „Unterscheidungen"

1973 1.3.: Konsultor des Päpstlichen Rates für den Dialog mit den Nichtglaubenden (bis 1979);
1.10.: Professor für Christliche Religionsphilosophie an der Universität Freiburg (bis 1975)

1975 Veröffentlichung von „Theologie als Nachfolge";
18.2.: Geistlicher Assistent des Zentralkomitees der deutschen Katholiken;
9.9.: Ernennung zum Bischof von Aachen;
8.11.: Bischofsweihe im Aachener Dom

1976 Veröffentlichung von „Vorspiel zur Theologie" sowie der „Thesen zu einer trinitarischen Theologie" (ursprünglich ein „Geburtstagsbrief" für Hans Urs von Balthasar)

1978 Mitglied der Römischen Kongregationen für die Bischöfe sowie für den Klerus (bis 1983)

1984 11.9.: Verdienstkreuz Erster Klasse des Verdienstordens der Bundesrepublik Deutschland

1988 20.5.: Philosophische Ehrendoktorwürde der Rheinisch-Westfälischen Technischen Hochschule Aachen

1989 Inititierung des pastoralen Dialogprozesses „Weggemeinschaft"

1990 19.6.: Tod der Mutter Maria Hemmerle
30.9.–28.10.: Vorträge bei den St. Georgener Gesprächen" am Längsee/Österreich zum Thema „Einheit als Lebensstil"

1994 23.1.: Gestorben in Aachen

Die Dinge sind nicht,
wie sie sind,
sondern
wie sie geliebt sind.

Die großen Zeugnisse
der Menschheit sind,
trotz aller unterschiedlichen Farben
und Perspektiven, sich darin einig:
Der Mensch ist unendlich größer
als er selbst.
Der Mensch lebt vom Mehr,
lebt auf das Mehr zu.
Man könnte die Formel wagen:

Der Mensch ist sich selber gleich,
indem er unendlich größer ist
als er selbst.

Mehr als nur der Mensch
lebt im Menschen;
er lebt daraus, dass er dieses Mehr
in sich lebendig hält
und darauf zustrebt.

Der Mensch ist
Ahnung und Ausdruck,
Sehnsucht und Spiegelbild,
gerufener und rufender Ruf
einer grenzenlosen Liebe.

Einklang mit dem Ursprung,
das ist Freude.

Man müsste schon Gott sein,
um ganz einfach
ein Mensch zu sein!

Es gibt andere Werte
als das bloße Haben und Besitzen.
Nicht nur Bedürfnissteigerung,
sondern auch:
Wie können wir leben mit weniger?

Sag mir, was für dich groß ist,
und ich sage dir, wie groß du bist.

Zeig mir dein Haus,
und ich zeige dir deine Welt.

Zeig mir deinen Himmel,
und ich zeige dir die Erde,
an der du baust.

Gastfreundschaft

Tritt durch den Spalt,
atme die Ordnung,
lerne am Herd
die Würde des Gastes
und empfang
in der Fülle der Gaben
deren königliche:

anvertrautes Leid.

Wenn man mich fragte,
was für mich
die am meisten kennzeichnenden
Gebärden oder Äußerungen
des Menschen seien,
so antworte ich:

Gastfreundschaft und Opfer.

Madre Manunta in memoriam

Mich in Aachen
auf den Kaiserthron im Dom setzen:
das geht mir nicht übers Herz.
Mich in Alghero
auf den Stuhl neben der Tür
in der Via Misericordia 17 setzen:
das geht mir nicht übers Herz.

Knotenpunkte der Geschichte
müssen heilig bleiben.
Und heilig ist auch der Ort,
an dem eine Mutter jahrzehntelang
saß, gedachte, erzählte,
Leid in Gebet
und Freude in Dank verwandelnd.
Lasst den Platz diesen Müttern frei.

Wer zum Ich aufbricht,
der findet nicht zum Du,
und er findet nicht zum Ich.
Wer nur sich will,
verliert beides.
Das Ich und das Du.

Die Lösung für uns
beginnt mit der Lösung von uns.

Wer keine Mitte hat,
der gerät in den oder jenen Sog,
verliert den Halt
und wird sich selbst entrissen.

Doch wer nur
sich selber Mitte ist,
der kommt nie über sich hinaus.

Und eigentlich komme ich
auch gar nicht zu mir,
wenn ich nicht
über mich hinauskomme.

Wenn ich nicht *ich* sagen kann,
dann kann ich auch nicht
du sagen.
Aber – und vielleicht ist das
etwas noch Tieferes –
im Ernst *ich* sagen
kann ich eigentlich nur,
wenn ich *du* sagen kann.

Endlos viel,
über beinahe alles
wird kommuniziert
und gesprochen –
aber in diesem Alles
drohen das Ich und Du
nicht mehr enthalten zu sein.

Wer nicht schweigen kann,
kann auch nicht im Ernst reden;
wer nicht reden kann,
kann nicht schweigen,
sondern ist stumm.

Schweigen ist gut,
wenn es Ihn und mich sagt.

Die Welt ist voller Worte,
und doch kann der eine dem andern
nicht sagen,
was er wirklich auf dem Herzen hat,
oder der andere
hört es zumindest nicht.
Doch es liegt nicht nur am Hören,
sondern auch am Sagen selbst.
Je perfekter wir parlieren können,
je weniger Barrieren
der Scham und der Scheu es gibt,
über alles zu reden,
um so weniger bringen wir uns selbst
noch in unsere Worte hinein,
dass sie uns selbst
über uns hinausbringen
hin zu unserem Nächsten.

Wohin kein Tun und Sagen reicht,
dorthin reicht das Sein.

Sei,
was du sagst,
und sage,
was du bist!

Hier liegt die Möglichkeit
der Humanisierung
unserer Gesellschaft:
dass in die kleine Begegnung
des Augenblicks,
in den geringen Einsatz
der gegenwärtigen Pflicht,
in die unscheinbare Geste
der Freundlichkeit
und des Verzichts für den anderen
das Ich sich selbst hineingibt,
dass ich bin,
was ich tue.

Ich finde zum Du nur so,
wie Gott zu mir findet:
im immer neuen Anfang
der Vergebung.

Wer dem Nächsten
seine Schuld sagt,
kann Gott seine Liebe sagen.

Die Brücke zu dem Gott,
der Liebe ist,
ist aus lauter Liebe gebaut.

Was vom Himmel fällt,
will aus der Erde wachsen.

Anfangen
und mit sich
etwas anfangen lassen,
das sind
die beiden einzigen Wege,
die zum lebendigen Gott führen.

Mein Leben
In Seinem Leben finden –
Sein Leben
in meinem Leben mitleben:
das heißt Christsein.

Wir leben
nicht nur mit einem,
der war,
und nicht nur mit einem,
der kommt,
Christsein heißt
Leben mit einem, der lebt –
Und mit ihm leben heißt,
mit ihm für die anderen
und füreinander leben.

Gott
ist und bleibt
das geheimnisvollste
und größte Wort
in der Geschichte
der Menschheit.

Gott hat in seinem Sohn
ein Herz, ein menschliches Herz,
angenommen und in diesem Herzen
sich selbst, die Liebe, die er ist,
hineingehalten
in alle Schicksale und Wandlungen
menschlichen Lebens.

Alles, schlechterdings alles,
geht ihm zu Herzen.
Was immer uns begegnet,
wir begegnen etwas,
das Gott zu Herzen geht.

Es gibt ein menschliches Herz,
in dem alle Menschengeschichte
gleichzeitig ist.
Das ist für mich ungeheuerlich.

„Seriös“ betrachtet,
ist die Menschlichkeit Gottes
und seiner Geschichte:
„lächerlich“.

Gott ist
der Gott des ganzen Menschen
und der ganzen Welt,
und nichts,
was zum Menschen
und zur Welt gehört,
kann diesem Gott
uninteressant sein.

Gottes Ufer
ist mitten im Strom.

Gott sagt zum Menschen nicht:
Du musst zuerst anders werden,
damit ich dich annehmen kann.

Sondern weil er ihn annimmt,
kann der Mensch anders werden,
gibt es einen Weg nach oben.

Gott überholt uns nicht,
er erwartet uns.

Gott, du magst mich,
deswegen mag ich dich
und mag ich mich
und mag ich die anderen
und mag ich leben.

Die Liebe,
über die hinaus
eine größere
nicht gedacht werden kann,
ist die Gütemarke,
die Gottesmarke Gottes selber.

Gott ist so,
wie Jesus es zeigt.

***

Jesus übersetzt das,
was Gottsein heißt,
in die Endlichkeit,
in die Menschlichkeit.

Sein wie Gott,
leben wie Gott,
das geht,
indem wir leben
wie Jesus.

Um es ganz kurz zu sagen,
dies ist das Kostbarste
der Glaubenserfahrung
der Arbeiter:

Sie nehmen das Wort wörtlich,
das Herz herzlich
und die Tat tätlich.

Glaube kann anscheinend
nur den tragen,
der ihn gehend
als einen Weg erprobt.

Glaube ist
von Gott verwandelter Unglaube.

Wo Aufstieg zu Gott
die Sache des Könnens
und der Leistung,
des Ehrgeizes
und des Trainings wird,
da entschwindet gerade
die Göttlichkeit Gottes.

Schwerpunktverlagerung
nach unten –
Gott ist je tiefer als ich
und fängt mich auf,
wenn ich falle.

Schwerpunktverlagerung
nach oben –
Gott ist je höher als ich
und fängt mich auf,
wenn ich springe.

Gott
hat eine doppelte Vorliebe:
die Vorliebe für das Normale –
die Vorliebe für das Unmögliche.

„Liebt einander,
so wie ich euch geliebt habe."
Das Neue Gebot
ist die „List Gottes",
mit der er
das Wesen des Menschen
vollendet.

Liebe ist nicht,
wie wir oft meinen,
ein Gegensatz zur Gerechtigkeit,
sondern ihre Erfüllung,
ihr Wesen.

Es ist einfach
von innen her klar,
dass Lieben mehr recht hat
als Nichtlieben.

Die Liebe ist größer,
wo sie nicht nur
dem anderen sich schenkt
als Gabe,
sondern wo sie
dem anderen schenkt,
schenken zu dürfen.

Gerade darin vollendet sich
Gottes Größe,
dass er seine Geschenke
nicht nur zum Haben,
sondern auch zum Schenken
weiterschenkt.

Nur das Licht,
das wir zwischen uns
hell sein lassen,
hat die Kraft,
nach außen zu strahlen
und neues Licht zu entzünden.

Die Atmosphäre,
in der ich und du leben können,
wächst nur,
wo wir aufeinander zugehen,
einander annehmen,
einander freigeben,
einander zuhören,
aus gemeinsamer Verantwortung
einander Wort und Antwort geben.
Mein Wort allein gibt es gar nicht
ohne dein Hören,
ohne dein Wort.
Papst Paul VI. drückte es treffend aus:

Jeder lebt das Leben des anderen mit,
sonst können wir nicht leben.

Ich bin nicht nur ich selbst, sondern:
ich selbst und die andern,
ich selbst und das Ganze.
Die ganze Geschichte
ist meine Geschichte.

* * *

Ich hatte immer Angst,
das Denken eines anderen
nicht ernst zu nehmen.
Ich habe gedacht:
Ich will nicht nur
aus meiner Erfahrung leben,
sondern aus jeder Erfahrung,
die es in der Welt gibt.

Die Gemeinschaft zwischen allen muss sich auch auf der Ruf- und Reichweite zueinander ausdrücken und darin, dass man hinhorcht, ein Stück von der Erfahrung des anderen in die eigene hineinnimmt und sich mit den eigenen Wünschen nicht so weit vom anderen entfernt, dass man sich nicht mehr versteht.

Es ist die Ironie der Wirklichkeit und des menschlichen Denkens, dass „Einheit" keinen einheitlichen Klang hat, dass es nicht eindeutig ist, was das Wort Einheit meint. Mancherlei Verdacht klebt an diesem Wort. Wir denken an Einheitsparteien, wir denken an „Einheitslösungen", wir denken an Einheit als einen Zugriff und Begriff, die den Reichtum der Wirklichkeit, der in ihrer Vielfalt zum Ausdruck kommt, banalisieren und reduzieren, um ihn eben „in den Griff" zu bekommen. ... Und doch, wir brauchen Einheit. Unser ganzes Jahrhundert ist ein Schrei nach Einheit.

Einheit
ist für mich
das elementarste
und entscheidendste Thema
unserer Zeit.

Unterschiedliche Probleme
unserer Zeit
sind eigentlich Probleme
nicht gelungener Einheit.

Sicher prägen Menschen
die Verhältnisse,
aber auch die Verhältnisse
prägen den Menschen.
Und doch: Wo die Verhältnisse
übermächtig erscheinen,
etwa angesichts
einer Naturkatastrophe,
wird die Situation
entscheidend davon mitbestimmt,
wie die Menschen
sich zueinander verhalten:
Zwischen uns
geschieht die Welt.

Das Kreuz ist das,
was nicht geht.

Für jeden von uns steht heute
ein Kreuz abholbereit.
Es muss jedoch heute noch
abgeholt werden!
Denn sonst holt es uns ab,
und dann fühlen wir uns schrecklich
bedrückt und niedergeschlagen
und merken zudem nicht einmal,
dass es das Kreuz war,
das uns abholte.
Wenn wir aber selbst
den Mut haben zum Abholen,
dann ist das Kreuz
die kostbarste Sache der Welt.
Nur finden müssen wir eben
dieses Kreuz im Gewirr
und in der Hast unseres Tages.

Gerade in dem,
was mein Kreuz ist,
sagt Jesus mir:
Ich bin da für dich.

***

An jedem Kreuz,
das mir begegnet,
hängt er.

Ich weiß von keinem Menschen
etwas anderes so genau wie dies:
dass Er sich
für ihn hingegeben hat.

Wenn ich nur eines zu sagen,
nur von einem zu sprechen hätte,
nur eines zu leben,
nur auf eines schauen müsste,
es wäre dieses Sein Kreuz.
Hier ist der Ort, an dem er
bis in die Verlassenheit Gottes
uns nahkommt
und so Gott alles in allem wird.

Wollen wir wissen,
wer Gott ist,
dann müssen wir auf das Kreuz
und in die Verlassenheit
seines Sohnes schauen.

Es muss zu denken geben,
dass jenes Bild,
das von allen Bildern
der Menschheitsgeschichte
am meisten
Tränen getrocknet,
Trauer gestillt,
Niedergeschlagene erhoben,
Zögernde
zu ihrem Kreuzweg ermutigt hat,
nicht ein Osterbild ist,
sondern das Kreuzbild.

„Meine Nacht
kennt kein Dunkel."

Dieses Wort aus der Laurentiuslegende gilt für den, der die Augen nicht vor der Nacht verschließt, sondern in ihr den erkennt, der für uns Nacht geworden ist und so gerade das alles erleuchtende Licht.

Die Christen
sind die Schulter der Welt,
die das Kreuz trägt.

Ich wünsche uns Osteraugen,
die im Tod bis zum Leben,
in der Schuld bis zur Vergebung,
in der Trennung bis zur Einheit,
in den Wunden
bis zur Herrlichkeit,
im Menschen bis zu Gott,
in Gott bis zum Menschen,
im Ich bis zum Du
zu sehen vermögen.

Auferstanden zum Vater
ist Jesus auferstanden zu uns.

Der Herr ist auferstanden
in unsere Mitte:
es ist nicht etwas zwischen uns,
sondern Er,
der Seine Geschichte machen will
in und mit uns,
die Geschichte der Liebe.

Wenn ich die Hoffnung
nicht vorlebe,
die Liebe nicht
in meiner Liebe bezeuge,
dann ist Gott dort verdunkelt,
wo er hell sein könnte;
der Anruf verschwiegen,
wo er verlauten könnte;
das Angebot der Erlösung
verdeckt,
wo es sich mitteilen möchte.

Nur wenn wir
Leben schenken,
nur dann haben wir
Leben.

Menschen sagen:
Wir können doch nur geben,
was wir schon haben.

Richtig herum
müsste es doch heißen:

Ich kann nur das haben,
was ich gebe
und was auch mir
geschenkt worden ist.

Und nur wenn ich es weitergebe,
kommt es zum Vorschein.
Das heißt: Ich muss weitergeben,
was ich in mir trage,
damit ich es überhaupt habe.

Nur was wir geben,
haben wir.
Nur was wir bekennen,
erkennen wir,
nur was wir anderen gönnen,
wird uns gegönnt werden.

Haben
ist die Chance
zu geben.
Und wenn auch noch so oft
diese Chance vertan wird,
ihr Angebot bleibt bestehen.

Wer nicht danken lernt,
der lernt weder haben
noch geben.

Einander nicht nur
Geschenke machen,
sondern einander Geschenk sein,
dies ist das Innerste und Äußerste
Gottes und des Menschen selbst.

Gott schafft so,
dass daraus nicht nur
Wirkungen entstehen,
sondern Ursachen.
Er schafft nicht nur Produkte,
sondern Ursprünge, Partner.

Wo Gott erfüllt,
da füllt er nicht seine Fülle ab,
sondern da entspringt
eine Quelle.

Beschenkt sein
und schenken können,
das ist christliche Freiheit.

Freiheit heißt
bestimmt sein vom Guten,
und diese Freiheit wächst,
je klarer und bewusster ich mich
vom Guten bestimmen lasse.

Sag mir,
was du mit deiner Zeit anfängst,
und ich sage dir,
wer du bist.

Sag mir,
was deine Zeit erfüllt,
und ich sage dir,
was dein Herz erfüllt.

Es gibt einen Punkt,
der ist ganz unten
und ganz oben zugleich.
Es ist der gegenwärtige
Augenblick.
Lebe nur in ihm,
dann bist du klein wie ein Kind
und groß wie die Ewigkeit.

Liebe kann nie erst später lieben,
sondern Liebe liebt jetzt,
oder sie liebt nicht.

Zeig mir die Gegenwart,
die du lebst,
und ich erkenne die Zukunft,
an die du glaubst.

Eine Sache bleibt unserer Kunst und unserem Witz immer vorenthalten: ob die Zukunft, die wir planen, auch wirklich stattfindet. Alles können wir vorsehen für morgen, nur das Eine, Grundlegende können wir nicht machen: dass der morgige Tag kommt. Er kommt von sich aus. Hier liegt die Ohnmacht des Menschen, dass er die Zeit nicht machen kann.

***

Dass Zukunft stattfindet,
ist das Wunder der Wunder.

Wer der Zukunft
gewachsen sein will,
der muss die Herkunft
kennen und lieben.

Tradition ist gut,
wo sie Gespräch
mit den Generationen
zuvor und hernach ist.

Was überkommen
und überliefert ist,
bewährt seine Gültigkeit,
Tragfähigkeit, Lebendigkeit nur,
indem es je neu erzeugt,
wie zum ersten Mal
getan und gelebt wird.

Nur indem das Evangelium
je neu wird,
bleibt es dasselbe.

Zeit geht anders,
Leben geht anders,
auch Religion,
Verhältnis zu Gott
geht anders!
Dies ist die gemeinsame Basis,
der gemeinsame Inhalt
der Predigt Jesu
und der Predigt über Jesus.

Ich habe Sein Wort verstanden,
wenn es neu
ER,
ICH,
DU,
WIR,
WELT
sagt.

Den Blick auf Gott gerichtet,
sollen wir den Stoff dieser Welt,
den Stoff der Zeit
in unseren Händen halten.

Hoffnung auf das letzte Heil
entbindet nicht vom Wirken
für das nächste Heil,
will sagen vom nächsten Schritt,
der dem Menschen
in seiner unmittelbaren Not hilft
und das Unheile,
soweit es nur geht,
verbannt und verwandelt.

Weggeschichte

Dialog der Füße –
Herdenpfade sind seine Schule.
Du gehst, wo andere gingen –
wie sonst gingest du hier?
Ungezählte Tritte falten sich ein
in den einen Pfad
und halten ihn offen
für jene, die kommen.

Wo das, was bleibt,
die Liebe ist,
da ist das, was bleibt,
das je neue Abenteuer.

Wir können nicht die Linien
der bisherigen Geschichte
ausziehen,
um zu errechnen,
wie sie weitergeht.
Weil der Herr
auf uns zukommt,
ist sie immer offen,
immer der Überraschung,
des Neuen fähig.

Nur im Herzen Gottes
überlebt das Herz des Menschen
sich selbst.

Gott ist der Anfang
bis zum Ende
und zumal im Ende.

Anstrengung ...
manchmal
denkst du:
nur noch der
nächste Schritt
geht.
Wenn du das
of genug
gedacht hast,
bist du
auf einmal
oben.